# RÉGIMES ALIMENTAIRES SAINS ET DURABLES

## PRINCIPES DIRECTEURS



ORGANISATION DES NATIONS UNIES POUR L'ALIMENTATION ET L'AGRICULTURE
ORGANISATION MONDIALE DE LA SANTÉ
Rome, 2020

Citer comme suite:

FAO et OMS. 2020. *Régimes alimentaires sains et durables – Principes directeurs.* Rome. https://doi.org/10.4060/ca6640fr



ISBN 978-92-5-132627-5 [FAO]
ISBN 978-92-4-151664-8 [OMS]

# TABLE DES MATIÈRES

# AVANT-PROPOS

La malnutrition sous toutes ses formes et la dégradation des ressources environnementales et naturelles constituent deux des principaux défis de notre temps. Les deux phénomènes se produisent à un rythme accéléré.

L'état de la sécurité alimentaire et de la nutrition dans le monde (SOFI 2019) montre que le nombre de personnes sous-alimentées augmente lentement depuis plusieurs années, et que, simultanément, le nombre de personnes obèses et en surpoids augmente à un rythme alarmant dans le monde entier.

Plus de 820 millions de personnes se couchent tous les soirs avec le ventre vide. En 2018, 1,3 milliard de personnes ont été confrontées à l'insécurité alimentaire à un niveau modéré, ce qui veut dire qu'elles ne bénéficiaient pas d'un accès régulier à une alimentation suffisante et nutritive. Le surpoids et l'obésité ainsi que les maladies non transmissibles (MNT) liées au régime alimentaire qui leur sont associées contribuent à 4 millions de décès dans le monde entier. Aujourd'hui, 2 milliards d'adultes et 40 millions d'enfants de moins de cinq ans sont en surpoids. De plus, plus de 670 millions d'adultes et 120 millions de filles et de garçons (entre 5 et 19 ans) sont obèses. La malnutrition a des répercussions importantes sur la santé des individus, leur bien-être et leur productivité. Elle représente également un coût socio-économique élevé pour les sociétés dans toutes les régions du monde.

Les régimes alimentaires inadéquats jouent un rôle majeur dans la prévalence croissante de la malnutrition sous toutes ses formes. De plus, les régimes alimentaires déséquilibrés et la malnutrition font partie des dix principaux facteurs de risque contribuant à la charge mondiale de morbidité.

En outre, la façon dont nous produisons et consommons notre nourriture a des conséquences néfastes sur l'environnement et la base de ressources naturelles. Par exemple, la production alimentaire représente respectivement 48 pour cent et 70 pour cent de l'utilisation des ressources en terres et en eaux douces au niveau mondial.

Des facteurs sociaux, démographiques et économiques contribuent également à l'évolution des modes de vie et des habitudes alimentaires et par conséquent à la pression exercée sur les ressources dans un but de production alimentaire.

En 2014, la Deuxième Conférence internationale de la FAO et de l'OMS sur la nutrition (CIN2) a reconnu que: «les actuels systèmes alimentaires sont de plus en plus sollicités afin de fournir à chacun des aliments adéquats, sûrs, variés et riches en nutriments qui contribuent à une alimentation saine, en raison, notamment, des contraintes imposées par la rareté des ressources, la dégradation de l'environnement, ainsi que des modes de production et de consommation non durables». Pour relever ces défis, la Décennie d'action des Nations Unies pour la nutrition 2016-2025 met particulièrement l'accent sur la transformation des systèmes alimentaires afin de promouvoir des régimes alimentaires produits de façon durable et d'améliorer la nutrition dans le but d'atteindre les objectifs globaux en matière de nutrition et de MNT liées au régime alimentaire, conformément aux engagements pris à la CIN2 et aux Objectifs de développement durable (ODD).

Compte tenu de l'impact néfaste des systèmes alimentaires actuels sur l'environnement, et des préoccupations soulevées quant à la durabilité de ces derniers, il apparaît comme urgent de promouvoir des régimes alimentaires qui soient sains et aient de faibles impacts sur l'environnement. Ces régimes alimentaires doivent également être socio-culturellement acceptables et accessibles à tous sur le plan économique.

Reconnaissant l'existence d'opinions divergentes concernant les concepts de régimes alimentaires durables et de régimes alimentaires sains, les pays ont demandé l'avis de l'Organisation des Nations Unies pour l'alimentation et l'agriculture (FAO) et de l'Organisation mondiale de la santé (OMS) sur ce qui constitue des régimes alimentaires sains et durables. Ces deux organisations ont conjointement organisé une consultation internationale d'experts sur les régimes alimentaires sains et durables du 1er au 3 juillet 2019 au siège de la FAO à Rome, en Italie, afin d'aborder ces questions. Cette consultation a adopté des principes directeurs sur ce qui constitue des «Régimes alimentaires sains et durables», principes qui arrivent à un moment où le débat concernant la durabilité des régimes alimentaires figure parmi les priorités des gouvernements, des organisations internationales, des organisations de la société civile, du secteur privé et du monde universitaire et de la recherche.

Ces principes directeurs adoptent une approche holistique concernant les régimes alimentaires. Ils prennent en compte les recommandations internationales en termes de nutrition, le coût environnemental de la production et de la consommation alimentaires ainsi que la capacité d'adaptation aux contextes sociaux, culturels et économiques locaux. Lors de la consultation, les experts se sont accordés sur le terme «régimes alimentaires sains et durables», qui englobe les deux dimensions: la durabilité et la salubrité des régimes alimentaires. Les pays devront déterminer la juste mesure d'application de ces principes en fonction de leur situation et de leurs objectifs.

Ces principes directeurs soulignent le rôle de la consommation et des régimes alimentaires dans la contribution à la réalisation des ODD au niveau du pays, en particulier les Objectifs n° 1 (Pas de pauvreté), n° 2 (Faim «zéro»), n° 3 (Bonne santé et bien-être), n° 4 (Éducation de qualité), n° 5 (Égalité entre les genres) ainsi que n° 12 (Consommation et production durables) et n° 13 (Mesures relatives à la lutte contre les changements climatiques).

Cette publication vise à soutenir les efforts réalisés par les pays pour transformer leurs systèmes alimentaires afin qu'ils contribuent à des régimes alimentaires sains et durables.

Nous saisissons cette occasion pour remercier les experts qui ont rédigé les document d'information et/ou contribué à la consultation d'experts qui a mené à l'élaboration des principes directeurs: Seth Adu-Afarwuah, Ashkan Afshin, Sutapa Agrawal, Mary Arimond, Michael Clark, Namukolo Covic, Saskia de Pee, Adam Drewnowski, Jessica Fanzo, Edward A. Frongillo, Mario Herrero, Lea S. Jakobsen, Andrew D. Jones, Shiriki Kumanyika, Pulani Lanerolle, Mark Lawrence, Duo Li, Jennie Macdiarmid, Sarah McNaughton, Sara Monteiro Pires, Veronika Molina, Carlos Monteiro, Eva Monterrosa, Luis Moreno, Morten Poulsen, Modi Mwatsama, Maarten Nauta, Janet Ranganathan, Satoshi Sasaki, Shelly Sundberg, Sofie Thomsen, Stefanie Vandevijvere et Davy Vanham (les affiliations des experts sont précisés dans l'Annexe n° 1).

Cette publication a été rendue possible grâce aux efforts soutenus du Secrétariat FAO/OMS: Anna Lartey, Nancy Aburto, Fatima Hachem, Ramani Wijesinha-Bettoni, Tomas Buendia, Eleonora Dupouy, Francesco Branca, Chizuru Nishida et Marzella Wüstefeld. Nous tenons également à remercier chaleureusement Kim Petersen, Angelika Maria Tritscher, Jason Montez, Kaia Engesveen et de Kazuaki Miyagishima, de l'OMS, pour les contributions apportées au contenu technique de la consultation des experts.

De précieux commentaires ont été ajoutés aux documents de travail par Tim Lang et Gretel Pelto, ainsi que par Markus Lipp, Alice Green et Kang Zhou, membres du personnel de la FAO. Les principes directeurs ont bénéficié des contributions d'Ana Islas, de Maria A. Tuazon, de Patrizia Fracassi, de Giulia Palma et de Melissa Vargas.

Ce travail n'aurait pas pu être réalisé sans l'aide des membres du personnel de la FAO suivants: Dalia Mattioni, Maria Xipsiti, Ahmed Raza, Trudy Wijnhoven, Chiara Deligia, Giuseppina Di Felice, Michele Rude, Cristiana Fusconi, Donna Kilcawley et Diana Calderon, ainsi que de Fabienne Maertens, de l'OMS.

Anna Lartey, Directeur
Division de la Nutrition et des systèmes alimentaires de la FAO

Francesco Branca, Directeur
Département Nutrition pour la santé et le développement de l'OMS

# INTRODUCTION

Le Comité des Nations Unies des droits économiques, sociaux et culturels (CESCR) a reconnu que le droit à une alimentation suffisante est d'une importance cruciale pour la jouissance de tous les droits humains. Le comité considère que le «droit à une nourriture suffisante comprend les éléments suivants: la disponibilité de nourriture exempte de substances nocives et acceptable dans une culture déterminée, en quantité suffisante et d'une qualité propre à satisfaire les besoins alimentaires de l'individu; l'accessibilité ou possibilité d'obtenir cette nourriture d'une manière durable et qui n'entrave pas la jouissance des autres droits de l'homme.».[1] Le Comité des droits de l'enfant a également reconnu l'obligation pour les États d'assurer l'accès à une alimentation sûre et adaptée sur les plans nutritionnel et socio-culturel afin de combattre la malnutrition sous toutes ses formes.[2]

Néanmoins, de nombreuses personnes n'ont pas accès tout au long de l'année aux régimes alimentaires sûrs, abordables et sains nécessaires à la promotion de la santé et du bien-être.[3] Par conséquent, la malnutrition sous toutes ses formes représente un problème à l'échelle mondiale, et aucun pays n'est épargné par les conséquences de celui-ci. Une personne sur trois souffre actuellement d'au moins une forme de malnutrition telle que la faim, un retard de croissance, une émaciation, des carences en micronutriments, une surcharge pondérale et/ou de l'obésité ainsi que des maladies non transmissibles (MNT) liées au régime alimentaire qui en découlent. Les conséquences

---

[1] **Conseil économique et social des Nations Unies.** 1999. Comité des Nations Unies des droits économiques, sociaux et culturels (CESCR) Le droit à une nourriture suffisante (art. 11): 12/05/99. E/C.12/1999/5. (General Comments) https://undocs.org/fr/E/C.12/1999/5

[2] **Convention relative aux droits de l'enfant.** 2013. Comité des droits de l'enfant (CRC) Observation générale no 15 (2013) sur le droit de l'enfant de jouir du meilleur état de santé possible (art. 24)* https://undocs.org/fr/CRC/C/GC/15

[3] **FAO & OMS.** 2015. Deuxième Conférence internationale sur la nutrition (CIN2). Rapport du Secrétariat mixte FAO/OMS de la Conférence http://www.fao.org/3/a-i4436f.pdf

de la malnutrition comprennent une mauvaise santé et des décès prématurés évitables, ainsi que des coûts économiques et sociétaux énormes. Les estimations mondiales donnent à penser que la malnutrition sous toutes ses formes coûte jusqu'à 3,5 mille milliards USD chaque année à la société,

le surpoids et l'obésité coûtant à eux seuls 500 milliards USD par an.[4]

Si les causes de la malnutrition à travers le monde sont complexes, les régimes alimentaires déséquilibrés restent l'une des principaux contributeurs au fardeau mondial de la maladie. Les régimes alimentaires déséquilibrés ont été identifiés comme étant le deuxième facteur de risque de décès et d'années de vie corrigées de l'incapacité (AVCI) au niveau mondial en 2016,[5] et ils étaient la cause d'environ 11 millions de décès et de 255 millions d'AVCI en 2017.[6] Pour lutter contre la malnutrition, les régimes alimentaires doivent également être améliorés. Cependant, le défi s'avère complexe, les moteurs de l'évolution des régimes alimentaires étant nombreux et incluant l'urbanisation, la mondialisation des marchés et des échanges agricoles, les revenus, le taux de pénétration des supermarchés et la grande distribution alimentaire. Par conséquent, pour améliorer les régimes alimentaires, l'ensemble du système alimentaire - qui comprend les différents acteurs (et les institutions) impliquées dans la production, l'agrégation, la transformation et l'emballage, la distribution, la commercialisation, la consommation et l'élimination des produits alimentaires - doit être pris en considération.

Les systèmes alimentaires sont simultanément une cause importante de la dégradation de l'environnement et de l'épuisement des ressources naturelles. Actuellement, les systèmes alimentaires sont responsables d'une part importante (25-30 pour cent) des émissions de gaz à effet de serre (GES) et sont un vecteur majeur de conversion des terres, de déforestation et de perte de la biodiversité. À elle seule, l'agriculture représente environ

70 pour cent des prélèvements d'eau douce au niveau mondial, et provoque une pollution des eaux.[7] La population mondiale étant censée atteindre 9,7 milliards d'habitants d'ici 2050, ces pressions et ces conséquences environnementales rendent les systèmes alimentaires actuels non durables. Dans son rapport le plus récent, le Groupe d'experts intergouvernemental sur l'évolution du climat (GIEC) a reconnu que «la consommation de régimes alimentaires sains et durables offre des opportunités majeures de réduction des émissions de GES par les systèmes alimentaires ainsi que d'amélioration des résultats en matière de santé».[8]

En outre, les impacts environnementaux de la production agricole constituent une source de morbidité et de mortalité. En 2014, la Deuxième Conférence internationale de la FAO et de l'OMS sur la nutrition (CIN2) a reconnu: «que les actuels systèmes alimentaires sont de plus en plus sollicités afin de fournir à chacun des aliments adéquats, sûrs, variés et riches en nutriments qui contribuent à une alimentation saine, en raison, notamment, des contraintes imposées par la rareté des ressources, la dégradation de l'environnement, ainsi que des modes de production et de consommation non durables, les pertes et gaspillages alimentaires et une distribution déséquilibrée».[9] Par conséquent,

[4] **Global Panel.** 2016. The Cost of Malnutrition: Why Policy Action is Urgent. Londres, Royaume-Uni: Global Panel on Agriculture and Food Systems for Nutrition. https://glopan.org/sites/default/files/pictures/CostOfMalnutrition.pdf

[5] **GBD** 2016 Risk Factors Collaborators. 2017. Global, regional, and national comparative risk assessment of 84 behavioural, environmental and occupational, and metabolic risks or clusters of risks, 1990-2016: a systematic analysis for the Global Burden of Disease Study 2016. Lancet. 390(10100):1345-1422. https://www.thelancet.com/journals/lancet/article/PIIS0140-6736(17)32366-8/fulltext

[6] **GBD** 2017 Diet Collaborators. 2019. Health effects of dietary risks in 195 countries, 1990–2017: a systematic analysis for the Global Burden of Disease Study 2017. Lancet 393: 1958–1972. https://www.thelancet.com/article/S0140-6736(19)30041-8/fulltext

[7] **FAO**. 2017. Water for Sustainable Food and Agriculture: A report produced for the G20 Presidency of Germany. http://www.fao.org/3/a-i7959e.pdf

[8] **IPCC**. 2019. Climate Change and Land: an IPCC special report on climate change, desertification, land degradation, sustainable land management, food security, and greenhouse gas fluxes in terrestrial ecosystems. https://www.ipcc.ch/report/srccl/

[9] **FAO & OMS.** 2015. Deuxième Conférence internationale sur la nutrition (CIN2). Rapport du Secrétariat mixte FAO/OMS de la Conférence http://www.fao.org/3/a-i4436f.pdf

l'orientation des systèmes alimentaires pour obtenir des Régimes alimentaires sains et durables doit aussi prendre en considération l'environnement.

De plus, les systèmes alimentaires actuels se caractérisent par une concentration inéquitable du pouvoir et un déséquilibre, certains acteurs en tirant un profit considérable alors que d'autres restent démunis. Ces systèmes échouent à procurer des avantages équitables à tous, et laissent les plus vulnérables sur le bas-côté.

Les systèmes alimentaires à travers le monde sont intégrés dans des contextes historiques, religieux, sociaux, culturels et économiques qui leur sont propres, et sont par conséquent très divers. Même si les régimes alimentaires sains sont décrits à travers des objectifs alimentaires définis en termes d'apport suffisant en nutriments, ou l'apport souhaitable de groupes d'aliments précis, ou bien le respect d'habitudes alimentaires, les régimes alimentaires représentent plus que la somme de nutriments et d'aliments consommés ou d'habitudes alimentaires qui leur sont associées. Ils constituent un mode de vie qui détermine et est déterminé par la façon dont la nourriture est produite, obtenue, distribuée, commercialisée, choisie, préparée et consommée. Les aspects sociaux/culturels et les impacts économiques de la nourriture et des systèmes alimentaires doivent être pris en compte dans le dialogue sur les réponses pour améliorer les régimes alimentaires et éliminer la faim ainsi que toutes les formes de malnutrition.

Chaque contexte est unique et pose des défis spécifiques pour assurer la disponibilité, l'accessibilité et la consommation des régimes alimentaires, et nécessite donc une solution personnalisée pour favoriser une santé et une durabilité optimales. Bien que les solutions varient, les objectifs des régimes alimentaires qui répondent à des préoccupations d'ordre sanitaire et environnemental, social/culturel et économique sont les mêmes pour toutes les personnes en bonne santé. Exprimer de façon précise ces objectifs peut faciliter la définition, l'élaboration et la réalisation d'actions spécifiques répondant aux besoins contextuels.

C'est pourquoi, sous l'égide de la Décennie d'action des Nations Unies pour la nutrition, la FAO et l'OMS ont conjointement organisé une consultation internationale d'experts au sujet des régimes alimentaires sains. Cette consultation a eu lieu du 1er au 3 juillet 2019 au siège de la FAO, à Rome, en Italie. Avant la consultation, la FAO et l'OMS ont commandé cinq documents d'information couvrant i) les éléments et les définitions des régimes alimentaires sains; ii) le rôle des régimes alimentaires sains dans les systèmes alimentaires durables sur le plan environnemental; iii) l'influence de la culture, de l'économie et de l'environnement alimentaire dans les choix pouvant porter à des régimes alimentaires durables; iv) les régimes alimentaires territoriaux, et v) les implications des régimes alimentaires durables pour la sécurité sanitaire. Un résumé de deux pages de chaque document est publié sous la forme d'un appendice à ce rapport. Trente-trois experts spécialisés dans les différentes dimensions des régimes alimentaires sains et les aspects de la durabilité, représentant des pays à revenus faibles, intermédiaires et élevés, ont participé à la consultation et/ou contribué à la rédaction des documents d'information.

L'objectif de la consultation consistait à élaborer des Principes directeurs sur ce qui constitue des Régimes alimentaires sains et durables, et qui devaient de plus être transcrits sous la forme d'informations et de messages clairs et non techniques que les gouvernements et d'autres acteurs impliqués dans la prise de décision et la communication puissent réutiliser. Les Principes directeurs des Régimes alimentaires sains et durables se basent sur l'alimentation et s'appuient sur les recommandations nutritionnelles tout en prenant en considération les enjeux de durabilité aux niveaux environnemental, social/culturel et économique.

Les Principes directeurs pour des Régimes alimentaires sains et durables suivants représentent les résultats de la consultation.

## OBJECTIFS DES RÉGIMES ALIMENTAIRES SAINS ET DURABLES

Les régimes alimentaires sains et durables sont des habitudes alimentaires qui promeuvent toutes les dimensions de la santé et du bien-être des individus. Ils présentent une faible pression et un faible impact environnementaux, sont accessibles, abordables, sûrs et équitables, et sont culturellement acceptables. Les objectifs des régimes alimentaires sains et durables sont d'atteindre la croissance et le développement optimaux de tous les individus et de soutenir le fonctionnement ainsi que le bien-être physique, mental et social à toutes les étapes de la vie, pour les générations actuelles et futures ainsi que de contribuer à la prévention de toutes les formes de malnutrition (c'est-à-dire la sous-nutrition, les carences en micronutriments, le surpoids et l'obésité), de réduire les risques de MNT liées au régime alimentaire et de soutenir la préservation de la biodiversité et de la santé de la planète. Les régimes alimentaires sains et durables doivent associer toutes les dimensions de la durabilité afin d'éviter toute conséquence indésirable.

## ALIMENTAIRES SAINS ET DURABLES...

### À PROPOS DE L'ASPECT SANITAIRE

**1** ...débutent à un très jeune âge avec l'initiation précoce de l'allaitement exclusif au sein jusqu'à six mois, et la poursuite de l'allaitement jusqu'à deux ans et au-delà, associés à une alimentation complémentaire adaptée.

**2** ... se basent sur un la éventail d'aliments n transformés ou peu transformés, répartis façon équilibrée entr les différents groupe d'aliments, tout en limitant les boissons les aliments hauteme transformés.[10]

**7** ... sont conformes aux directives de l'OMS destinées à réduire les risques de MNT liées au régime alimentaire ainsi qu'à assurer la santé et le bien-être de l'ensemble de la population.[12]

**8** ... contiennent le minimum d'agents pathogènes, de toxines et d'autres agents pouvant provoquer des maladies d'origine alimentaire, voire aucun si possible.

### À PROPOS DE L'IMPACT ENVIRONNEMENTAL

**9** ... maintiennent les émissions de gaz à effet de serre, l'utilisation des terres et des eaux, l'épandage d'azote et de phosphore ainsi que la pollution chimique dans la limite des objectifs fixés.

**10** ... préservent la biodiversité, notamment au r des récoltes, du des aliments issu forêt et des ress génétiques aqua et évitent la sur et la surchasse.

### À PROPOS DES ASPECTS SOCIOCULTURELS

**15** ... sont accessibles et attractifs.

**16** ... évitent les impacts négatifs liés au genre, en particulier en ce qui concerne la répartition du temps (par exemple pour acheter et préparer la nourriture et pour s'approvisionner en eau et carburant).

[10] La transformation alimentaire peut s'avérer bénéfique pour la promotion de régimes alimentaires de haute qualité. En effet, elle peut rendre la nourriture à la fois plus accessible et plus sûre. Cependant, certaines formes de transformation peuvent mener à de très fortes densités de sel, de sucres ajoutés et de graisses saturées. Lorsqu'ils sont consommés en grandes quantités, ces produits peuvent compromettre la qualité du régime alimentaire. (**Global Panel on Agriculture and Food Systems for Nutrition.** 2016. Food systems and diets: Facing the challenges of the 21st century. Londres, Royaume-Uni. http://ebrary.ifpri.org/utils/getfile/collection/p15738coll5/id/5516/filename/5517.pdf)

**3** ... incluent le blé complet, les légumineuses, les fruits à coque ainsi qu'une abondance et une variété de fruits et de légumes.[11]

**4** ... peuvent contenir des quantités modérées d'œufs, de produits laitiers, de volaille et de poisson ainsi que des petites quantités de viande rouge.

**5** ... utilisent comme fluide principal l'eau propre et potable.

... sont adaptés (c.-à-d. qu'ils satisfont les besoins sans les dépasser) en termes d'énergie et de nutriments destinés à la croissance et au développement ainsi que pour répondre aux besoins nécessaires pour mener une vie active et en bonne santé tout au long du cycle de vie.

**11** ...réduisent au minimum l'utilisation d'antibiotiques et d'hormones dans la production alimentaire.

**12** ... réduisent au minimum l'utilisation de plastiques et dérivés dans le conditionnement des aliments.

**13** ...réduisent la perte et le gaspillage alimentaire

**14** ... respectent et se fondent sur la culture, les pratiques culinaires, les connaissances et les modèles de consommation locaux ainsi que les valeurs concernant la provenance des aliments et la façon dont ils sont produits et consommés.

[11] Les pommes de terre, les patates douces, le manioc et les autres racines amylacées ne sont pas classifiés en tant que fruits ou légumes.

[12] Ils comprennent jusqu'à 30-35 pour cent de l'apport énergétique total issu des graisses, en inversant la tendance dans la consommation des graisses, allant des graisses saturées vers les graisses non saturées ainsi que vers l'élimination des acides gras trans; Moins de 10 pour cent de l'apport énergétique total issu des sucres libres (si possible moins de 5 pour cent) et pas plus de 5 g de sel par jour (à ioder). OMS. 2018. WHO fact sheet No. 394 (updated August 2018). Genève, Organisation mondiale de la santé, 2018. https://www.who.int/nutrition/publications/nutrientrequirements/healthydiet_factsheet/en/

**Créer un environnement favorable** par le biais de mécanismes gouvernementaux, de moyens d'incitation et de dissuasion, de cadres juridiques et d'instruments de réglementation destinés à promouvoir la production, la transformation, la distribution, l'étiquetage et la commercialisation, ainsi que la consommation d'une variété d'aliments qui contribuent aux Régimes alimentaires sains et durables.

**Analyser les systèmes alimentaires** actuels afin d'identifier les potentiels changements nécessaires pour encourager la production, la transformation, l'emballage, le stockage, la distribution, la commercialisation et la vente au détail, ainsi que la consommation des aliments requis pour les Régimes alimentaires sains et durables.

**Établir une base de référence représentative** des régimes alimentaires actuels, le cas échéant en procédant à une évaluation alimentaire individuelle par âge, genre, revenus, groupe ethnique et situation géographique. Utiliser ces données pour identifier les changements dans le régime alimentaire qui pourraient avoir l'impact le plus positif à la fois sur la santé et sur l'environnement.

**Assurer la cohérence des politiques** en harmonisant les politiques dans tous les secteurs (agriculture, santé, éducation, environnement, eau, commerce, etc.) du niveau local au niveau international en passant par le niveau national et en discutant avec tous les acteurs de la société.

**Identifier**, dans tous contextes, **les aliments disponibles et accessibles** en termes de quantité et de qualité ainsi que le lieu et la raison pour laquelle des différences entre l'offre et la demande alimentaires existent.

# MESURES POUR LA MISE EN ŒUVRE DES RÉGIMES ALIMENTAIRES SAINS ET DURABLES

Afin de rendre les Régimes alimentaires sains et durables disponibles, accessibles, abordables, sûrs et attractifs, des changements au niveau des systèmes alimentaires sont nécessaires et pourraient être orientés par les actions suivantes

**Chiffrer et équilibrer les compensations potentiellement nécessaires** pour rendre les Régimes alimentaires sains et durables disponibles, accessibles, abordables, sûrs et attirants pour tous.

**Garantir que des aliments abordables et attractifs destinés à un Régime alimentaire sain et durable sont disponibles** et accessibles aux personnes les plus vulnérables. Répondre aux injustices et aux inégalités et prendre en compte le point de vue des personnes qui sont en situation de pauvreté et de dénuement.

**Élaborer des directives alimentaires nationales** basées sur les aliments qui définissent des Régimes alimentaires sains et durables en fonction de chaque contexte en prenant en compte les conditions sociales, culturelles, économiques, écologiques et environnementales.

**Promouvoir des stratégies de renforcement des capacités pour un changement de comportement**, notamment la responsabilisation des consommateurs et une véritable éducation alimentaire et nutritionnelle.

DOCUMENTS DE SYNTHÈSE
DE LA CONSULTATION INTERNATIONALE

# DOCUMENT DE SYNTHÈSE N° 1:
# Document d'information sur les régimes alimentaires sains

*Auteurs: Shiriki Kumanyika, Ashkan Afshin, Mary Arimond, Mark Lawrence, Sarah McNaughton et Chizuru Nishida*

## Contexte

Un régime alimentaire sain est un régime qui promeut la croissance et le développement et prévient la malnutrition. Dans le domaine de la nutrition au niveau mondial, le terme de «malnutrition» ne fait plus uniquement référence à la sous-nutrition, comme l'émaciation, le retard de croissance, l'insuffisance pondérale ou les carences en vitamines ou en minéraux. La malnutrition, sous toutes ses formes, est désormais comprise comme englobant l'obésité ainsi que des facteurs alimentaires augmentant les risques de maladies non transmissibles (MNT) telles que les maladies cardiaques, les accidents vasculaires cérébraux, le diabète et certains cancers [1]. Les MNT constituent à présent une cause majeure de handicap et de décès dans tous les pays. L'obésité et la sous-nutrition peuvent coexister au sein de communautés et de familles. Une forte prévalence de la sous-nutrition constitue encore aujourd'hui un problème majeur de santé publique dans certains pays à revenus faibles et celle-ci peut se rencontrer sous ses formes les plus sévères, tandis que beaucoup de pays à revenus intermédiaires et élevés sont principalement concernés par les MNT, considérant la suffisance de l'apport alimentaire comme acquise, à part au sein des populations les plus défavorisées sur le plan économique.

Le document d'information consultatif sur les régimes alimentaires sains a identifié des composants de tels régimes alimentaires dans une perspective mondiale, soulignant les implications de ces composants dans le développement et l'atteinte des objectifs liés à la durabilité du système alimentaire. Un consensus s'est dégagé à partir de la comparaison entre trois approches, complémentaires et basées sur des données factuelles pour définir des régimes alimentaires sains, résumées ci-dessous: 1) les recommandations de l'OMS pour les régimes alimentaires sains; 2) l'étude sur les facteurs de risque de MNT du fardeau mondial de la maladie, et 3) les analyses des résultats en matière de santé associés à des habitudes alimentaires dans leur ensemble.

## Recommandations de l'OMS

Entre 1996 et 2019, l'OMS a élaboré ou actualisé plus de 50 directives ou recommandations en lien au sujet de la nutrition, certaines d'entre elles concernant la consommation de certains nutriments par la population. L'élaboration de directives nutritionnelles est un processus difficile qui reflète les limites inhérentes à la recherche scientifique sur les liens entre régime alimentaire et santé ainsi qu'aux facteurs méthodologiques. Le fait que les gens mangent des aliments et des régimes alimentaires plutôt que des nutriments séparés, et que les régimes alimentaires soient composés de nombreux composants séparés et interdépendants, complique la faculté à attribuer des risques à des composants spécifiques des régimes alimentaires ainsi qu'à fixer une orientation adaptée en fonction de chaque nutriment. Depuis 2010, l'OMS utilise la méthodologie GRADE (Grading of Recommandations Assessment, Development and Evaluation, en français: Classement de l'analyse, de l'élaboration et de l'évaluation des recommandations) pour l'élaboration de directives, et les données sur la nutrition sont évaluées par le Groupe consultatif d'experts sur les directives nutritionnelles (NUGAG). Cette méthodologie fournit un cadre structuré pour évaluer la qualité des données tout en garantissant la transparence des procédures et des jugements [2]. Les recommandations actuelles de l'OMS pour un régime alimentaire sain [3], basées sur le travail du NUGAG à ce jour et sur les consultations ou les rapports précédents d'experts sur les régimes alimentaires et les maladies [4-13], sont les suivantes:

- Allaitement exclusif au sein des bébés pendant les 6 premiers mois et poursuite de l'allaitement jusqu'à deux ans et au-delà.
- L'apport énergétique devrait compenser la dépense énergétique.
- Conserver les apports en matières grasses totales à un niveau inférieur à 30 pour cent de l'apport énergétique total, en inversant la tendance dans la consommation des graisses, allant des graisses saturées vers les graisses non saturées ainsi que vers l'élimination des acides gras trans.
- Limiter la consommation de sucres libres à moins de 10 pour cent (voire même moins de 5 pour cent) de l'apport énergétique total.
- Consommer moins de 5 g de sel/jour.
- Manger au moins 400 g de fruits et légumes par jour.

## Étude sur le fardeau mondial de la maladie

L'étude sur le fardeau mondial de la maladie utilise des données issues de 195 pays et territoires, ainsi que des données infranationales issues de

16 pays, afin de modéliser l'association entre les risques et les conclusions au niveau sanitaire [14]. Les principaux facteurs de risque pour les MNT incluent la faible consommation en fruits, légumes, légumineuses, blé complet, fruits à coque et graines, lait, acides gras oméga-3 présents dans les fruits de mer, acides gras polyinsaturés oméga-6 (AGPI), calcium et fibres, ainsi qu'une consommation élevée de viande rouge, de viande transformée, de boissons sucrées, d'acides gras trans et de sodium. Pour chaque facteur alimentaire, l'étude sur le fardeau mondial de la maladie évalue le pourcentage de chaque maladie qui aurait pu être évité si une consommation optimale de chaque composant avait été atteinte (le niveau optimal est le niveau qui réduit au maximum la mortalité toutes causes confondues). Les facteurs de risque alimentaire ont été sélectionnés en fonction de l'importance soit du fardeau de la maladie ou de la politique qui y est associée; de la disponibilité des données suffisantes pour évaluer l'exposition aux facteurs de risque; de la solidité des données faisant un lien de cause à effet entre l'exposition aux facteurs de risque et les paramètres des maladies; ainsi que la disponibilité des données destinées à quantifier l'ampleur de l'effet de l'exposition aux risques sur l'incidence des maladies ou sur la mortalité à partir des paramètres des maladies. L'étude sur le fardeau mondial de la maladie a montré qu'au niveau mondial, le classement des principaux facteurs de risque alimentaires n'a pas beaucoup changé au cours des trente dernières années, et que chacun des principaux facteurs de risque représentait plus de 20 millions d'années de vie corrigées de l'incapacité (AVCI). La faible consommation en blé complet constituait le principal facteur de risque dans toutes les régions de l'OMS à part dans la Région du Pacifique occidental, où la forte consommation de sodium était le principal facteur de risque pour les AVCI.

## Données sur les habitudes alimentaires destinées à définir des régimes alimentaires entiers

Les habitudes alimentaires peuvent être définies comme «les quantités, les proportions, la variété, ou la combinaison de différents aliments, boissons et nutriments (le cas échéant) dans les régimes alimentaires, et la fréquence avec laquelle ils sont habituellement consommés» [15]. À la différence des aliments pris séparément, des caractéristiques d'aliments, ou des nutriments tels que décrits dans les lignes directrices de l'OMS et dans les conclusions de l'étude sur le fardeau mondial de la maladie, les habitudes alimentaires sont plus fidèles à la réalité de ce que mangent les individus, et théoriquement plus pertinentes pour identifier le risque de MNT. Les facteurs alimentaires distincts, même lorsqu'ils ont été élaborés ou accumulés pour un examen simultané, ne peuvent pas rendre compte de la complexité des aliments individuels ni de l'interdépendance au sein des habitudes alimentaires en termes d'effets sur la santé. Du point de vue de l'exposition aux nutriments, il existe des synergies entre les nutriments présents dans les habitudes alimentaires [16, 17], et leur biodisponibilité est influencée par la structure physique des matrices alimentaires au sein desquelles ils se trouvent [18]. Du point de vue de l'exposition aux aliments, il existe des synergies entre les aliments présents dans les habitudes alimentaires [17], et le niveau de transformation d'un aliment peut influencer ses caractéristiques physiques et chimiques ainsi que les effets sur la santé qui en résultent [19]. Les études sur les relations entre la nourriture et la santé ont constamment souligné les associations entre faibles consommations d'aliments d'origine végétale ainsi que consommations élevées de produits animaux et d'aliments très transformés, d'un côté, et mauvais résultat en matière de santé, de l'autre. Ces conclusions indiquent que l'opposition entre les régimes alimentaires basés sur la consommation végétale et ceux basés sur la consommation animale et le niveau de transformation sont des caractéristiques prioritaires dans l'analyse des habitudes alimentaires dans le cadre des considérations sur la durabilité. L'analyse des données réalisée par le NUGAG de l'OMS sur ce sujet, pendante au moment de la consultation, peut fournir des recommandations définitives sur l'importance de sujet dans le cadre de résultats en matière de santé.

## Conclusions

Des éléments de consensus clairs se sont dégagés de la prise en compte et de la comparaison de ces trois approches pour caractériser les régimes alimentaires sains. Les recommandations de l'OMS, en tant que points de référence au niveau mondial pour les éléments d'un régime alimentaire sain, conviennent à la fois à la prévention de la sous-nutrition et à la réduction des risques de MNT. Elles mettent l'accent sur l'importance de la hausse de la consommation de plusieurs aliments d'origine végétale (fruits, légumes (sauf les racines amylacées), légumineuses, fruits à coque et blé complet); la limitation de la consommation énergétique issue des sucres libres et des matières grasses totales; la consommation de graisses non saturées plutôt que de graisses saturées ou d'acides gras trans; et la limitation de la consommation de sel, tout en utilisant le sel iodé comme défense contre les carences en iode. La description des régimes alimentaires sains par l'étude sur le fardeau mondial de la maladie basée sur l'analyse empirique des associations entre facteurs de risque et résultats complète et est conforme aux recommandations de l'OMS en évaluant à quel point les risques liés aux régimes alimentaires contribuent au fardeau des MNT. Les données sur le fardeau mondial de la maladie soulignent également les risques associés à la consommation élevée de viande transformée. Les données disponibles à ce jour sur les habitudes alimentaires et la santé suggèrent un besoin de se concentrer sur les aliments d'origine végétale et sur le niveau de transformation, et sont cohérentes avec les éléments clés des conclusions de l'OMS et de l'étude sur le fardeau mondial de la maladie. Les changements implicites vers moins d'aliments d'origine animale (à l'exception des poissons et des fruits de mer) et plus d'aliments d'origine végétale, ainsi que pour des évolutions dans les systèmes de production alimentaire, ont un rapport direct avec l'agenda du développement durable.

## Références


1. **OMS**. 2018. Malnutrition. Principaux faits. Mis à jour le 16 février 2018. [Cité le 02 octobre 2019]. https://www.who.int/fr/news-room/fact-sheets/detail/malnutrition

2. **OMS**. 2014. *Handbook for Guideline Development* (2nd ed). Genève: Organisation mondiale de la santé.

3. **OMS**. 2018. *Healthy diet.* Factsheet 394. [Cité le 02 octobre 2019] https://www.who.int/nutrition/publications/nutrientrequirements/healthydiet_factsheet/en/

4. **OMS**. 2015. *Directive: Résumé d'orientation Apport en sucres chez l'adulte et l'enfant.* 2015. Genève: Organisation mondiale de la santé. Genève. 11 pp. (également disponible à l'adresse suivante: https://apps.who.int/iris/bitstream/handle/10665/155735/WHO_NMH_NHD_15.2_fre.pdf?sequence=1)

5. **OMS**. 2012. *Directives: Résumé d'orientation Sur l'apport en sodium chez l'adulte et chez l'enfant.* Genève: Organisation mondiale de la santé. 7 pp. (également disponible à l'adresse suivante: https://apps.who.int/iris/bitstream/handle/10665/85223/WHO_NMH_NHD_13.2_fre.pdf?sequence=1)

6. **OMS**. 2012. *Résumé d'orientation Directives: sur l'apport en potassium chez l'adulte et chez l'enfant* (5 pp.) Genève: Organisation mondiale de la santé. (également disponible à l'adresse suivante: https://www.who.int/nutrition/publications/guidelines/potassium_executivesummary_fr.pdf?ua=1)

7. **OMS**. 2018. *Guidelines: Saturated fatty acid and trans-fatty acid intake for adults and children.* (Draft issued for public consultation). Genève: Organisation mondiale de la santé. (également disponible à l'adresse suivante: https://extranet.who. int/dataform/upload/surveys/666752/files/Draft%20WHO%20SFA-TFA%20guidelines_04052018%20Public%20Consultation(1).pdf)

8. **FAO**. 2010. *Graisses et acides gras dans la nutrition humaine: Rapport d'une consultation d'experts.* Étude FAO: alimentation et nutrition.91. Rome. **FAO**. 194 pp. (également disponible à l'adresse suivante: http://www.fao.org/3/i1953f/i1953f.pdf)

9. **FAO**. 2004. *Human energy requirements. Report of a Joint FAO/WHO/UNU Expert Consultation.* Food and Nutrition Technical Report Series. Rome. FAO. 96 pp. (également disponible à l'adresse suivante: http://www.fao.org/3/y5686e/y5686e00.htm)

10. **FAO** & **OMS**. 2004. *Vitamin and mineral requirements in human nutrition: report of a joint FAO/WHO expert consultation.* Genève. OMS. 345 pp. (également disponible à l'adresse suivante: https://apps.who.int/iris/bitstream/handle/10665/42716/9241546123. pdf?sequence=1).

11. **FAO**, **OMS**, & **UNU** 2007. *Expert Consultation on Protein and Amino Acid Requirements in Human Nutrition.* Technical Report Series 935. Genève. Organisation mondiale de la santé. 265 pp. (également disponible à l'adresse suivante: https://apps.who.int/iris/ handle/10665/43411).

12. **FAO** & **OMS**. 2003. *Régime alimentaire, nutrition et prévention des maladies chroniques Rapport d'une Consultation OMS/FAO d'experts.* Rapport technique de l'OMS 916. Genève: Organisation mondiale de la santé. 155 pp. (également disponible à l'adresse suivante: https://www.who.int/nutrition/publications/obesity/WHO_TRS_916/fr/).

13. **OMS**. 1990. *Régime alimentaire, nutrition et prévention des maladies chroniques. Rapport d' un Groupe d'étude de l'OMS.* Série de rapports techniques; no. 797. Genève. 102 pp. (également disponible à l'adresse suivante: https://apps.who.int/iris/handle/10665/39514).

14. **GBD 2017 Diet Collaborators**. 2019. Health effects of dietary risks in 195 countries,1990-2017: a systematic analysis for the Global Burden of Disease Study 2017. *Lancet*, 393(10184): 1958-1972.

15. **Département de l'Agriculture des États-Unis**. 2015. *A Series of Systematic Reviews on the Relationship Between Dietary Patterns and Health Outcomes.* [en ligne] Arlington, VA. [cité le 3 octobre 2019]. https://nesr.usda.gov/dietary-patterns-foods-and-nutrients-and-health-outcomes-subcommittee

16. **Jacobs Jr, D., Tapsell, L. & Temple, N.** 2012. Food Synergy: The Key to Balancing the Nutrition Research Effort. *Public Health Reviews,* 33(2): 507-529.

17. **Jacobs, D. & Steffen, L.** 2003. Nutrients, foods, and dietary patterns as exposures in research: a framework for food synergy. *American Journal of Clinical Nutrition*, 78(suppl): 508S-513S.

18. **Fardet, A. & Rock, E.** 2019. Perspective: Reductionist Nutrition Research Has Meaning Only within the Framework of Holistic and Ethical Thinking. *Advances in Nutrition*, 9(6): 655-670.

19. **Fardet, A., Lakhssassi, S. & Briffaz, A.** 2018. Beyond nutrient-based food indices: a data mining approach to search for a quantitative holistic index reflecting the degree of food processing and including physicochemical properties. *Food & Function,* 9(1): 561-572.

# DOCUMENT DE SYNTHÈSE N° 2:
## Le rôle des régimes alimentaires sains dans la création de systèmes alimentaires durables du point de vue environnemental

*Auteurs: Michael Clark, Jennie Macdiarmid, Andrew D. Jones, Janet Ranganathan, Mario Herrero et Jessica Fanzo*

Le système alimentaire mondial doit subvenir aux besoins de plus de 7,5 milliards de personnes, mais il représente actuellement une source majeure de mauvaise santé et de dégradation de l'environnement. Les maladies non transmissibles (MNT) liées au régime alimentaire, tels que le diabète, les maladies cardiaques, certains cancers et l'obésité, sont le principal facteur de risque de mortalité au niveau mondial, alors que plus de 800 millions sont toujours sous-alimentées et que plus de deux milliards souffrent de carences en micronutriments [1, 2]. Simultanément, les systèmes alimentaires mondiaux émettent de 25 à 30 pour cent des émissions de gaz à effets de serre (GES), occupent environ 40 pour cent des terres émergées libres de glace de la planète, entraînent la pollution des nutriments aux niveaux terrestre et aquatique en raison de l'application excessive d'engrais, et sont le principal responsable de la perte de biodiversité [3-5]. Il est nécessaire de changer le système alimentaire mondial pour atteindre les Objectifs de développement durable (ODD°, l'Accord de Paris sur le changement climatique, les Objectifs d'Aichi du Plan stratégique pour la diversité biologique, ainsi que d'autres objectifs internationaux en matière de durabilité, mettant ainsi l'accent sur le besoin de transition vers des régimes alimentaires à la fois plus durables du point de vue environnemental et plus sains [6].

Les impacts environnementaux et sur la santé du système alimentaire mondial s'intensifieront à l'avenir si les tendances historiques en termes de choix alimentaires et de croissance démographique se maintiennent [7] À mesure que la population s'enrichit et s'urbanise, elle demande plus de nourriture, en particulier plus de viande, de poisson, de produits laitiers, d'œufs, de sucre, de matières grasses et d'huiles [8]. Cette transition alimentaire est associée à la hausse des risques de maladies liées au régime alimentaire, alors que les aliments d'origine animale ont des impacts environnementaux plus élevés par calorie ou gramme de nourriture produits que la plupart des aliments d'origine végétale. De plus, la croissance démographique projetée de 2 milliards d'individus d'ici à 2050, dont la majeure partie aura probablement lieu dans les pays à revenus faibles et intermédiaires, ne fera qu'augmenter la pression environnementale liée au régime alimentaire.

L'augmentation future des problèmes de santé liés au régime alimentaire et des impacts environnementaux devraient se produire à des rythmes différents selon les pays [6, 9]. Les pays à revenus élevés devraient connaître des changements relativement faibles mais leurs habitudes alimentaires aggraveront quand même les risques élevés de maladies liées au régime alimentaire et les impacts environnementaux. En revanche, les pays à revenus faibles et intermédiaires, comme la plupart des pays d'Asie du Sud et du Sud-Est et d'Afrique subsaharienne, ainsi que de nombreux pays en Amérique centrale et du Sud, connaissent actuellement ou devraient connaître des transitions alimentaires rapides vers des régimes alimentaires de pays à revenus élevés, caractérisés par un fort taux de calories, de matières grasses, de sucres et de produits animaux. Cela a pour effet d'augmenter les MNT liées au régime alimentaire ainsi que les impacts environnementaux négatifs. Cependant, s'il est prévu que les impacts liés au régime alimentaire par personne sont censés augmenter plus dans les pays à revenus faibles et intermédiaires, il est probable qu'ils restent inférieurs à ceux dans les pays à revenus élevés. C'est dans les pays à revenus élevés que les plus grands changements alimentaires sont nécessaires pour réduire la pression environnementale.

Il existe plusieurs moyens possibles de ralentir, voire d'inverser les hausses prévues de MNT liées au régime alimentaire et de la pression environnementale [10]. À court terme, la clé consiste à identifier les situations de «gagnant-gagnant», évitant de cette façon les conséquences indésirables car on ne peut pas présumer qu'un régime alimentaire sain aura un faible impact environnemental ou qu'un régime alimentaire durable du point de vue environnemental sera bon pour la santé [11]. Au premier rang de ces situations se trouve la transition vers des régimes alimentaires contenant une plus faible proportion de calories issues d'aliments d'origine animale, en particulier la viande de ruminants (par exemple les vaches, les chèvres et les moutons) et vers des régimes alimentaires dans lesquels la consommation de calories est suffisante pour répondre aux besoins métaboliques. Dans de nombreux pays, cela implique de réduire les apports caloriques, mais cela peut aussi signifier qu'il faudra augmenter les apports caloriques dans certains pays à faibles revenus. Beaucoup d'études ont montré que les régimes alimentaires diminuant la consommation de viande peuvent réduire les GES tout en restant adaptés sur le plan nutritionnel (par exemple réf. [9, 10, 12]). Ainsi, on estime que l'adoption mondiale d'un régime alimentaire faible en viande et répondant aux recommandations nutritionnelles en termes de fruits, de légumes et de besoins caloriques devrait réduire les GES liées au régime alimentaire de près de 50 pour cent, et les décès prématurés de près de 20 pour cent. En plus des changements alimentaires, d'autres changements du système alimentaire pourraient réduire davantage l'impact environnemental de celui-ci, notamment les réductions de perte de nourriture et de gaspillage alimentaire; l'utilisation de technologies et des changements dans la gestion pour améliorer les rendements des cultures et réduire le ruissellement des engrais et des pesticides; ainsi que des changements dans la formulation, la transformation et la préparation des aliments.

Les avantages de l'adoption de régimes alimentaires durables du point de vue environnemental seront différents selon les pays, de même que les façons dont ces avantages seront atteints [10]. Pour mettre en avant les avantages et les obstacles potentiels présentés par l'adoption de régimes alimentaires plus durables au niveau environnemental, nous avons sélectionné quatre pays dont les valeurs au niveau culturel, économique, politique et social sont différentes comme études de cas (Brésil, Vietnam, Kenya et Suède). Au Brésil, le bœuf, le soja et le sucre constituent des produits agricoles importants et des denrées destinées à l'exportation. Pourtant, la hausse de leur production est responsable de la perte d'habitat et de biodiversité, en particulier dans la Forêt atlantique, le cerrado, et l'Amazonie brésilienne. Comment des régimes alimentaires plus sains et plus durables du point de vue environnemental peuvent être adoptés tout en maintenant la stabilité économique du secteur agricole ? Au Vietnam, les poissons constituent une source importante de nutrition et de sécurité économique, mais la durabilité de la pêche vietnamienne est menacée par la surpêche traditionnelle et la proposition de construction de barrages. Comment la durabilité environnementale de la pêche vietnamienne peut-elle être améliorée, et quel rôle possible l'aquaculture peut-elle jouer dans le futur système alimentaire vietnamien ? Au Kenya, les vaches et les autres ruminants représentent une partie intégrante de l'apport nutritionnel de la nourriture et de la sécurité économique, en particulier dans les communautés rurales. Elles sont aussi en même temps responsables d'une grande partie des dommages environnementaux. Comment les vaches, qui ont une grande importance culturelle et économique, peuvent-elles être maintenues tout en réduisant leur impact sur l'environnement ? En Suède, les impacts environnementaux liés au régime alimentaire par personne sont élevés et les habitudes alimentaires représentent des facteurs de risque de mauvaise santé. Comment les régimes alimentaires en Suède pourraient-ils changer pour devenir plus sains et plus durables d'une façon qui soit culturellement appropriée ?

Cependant, le changement des habitudes alimentaires présente un défi de taille pour des raisons culturelles, politiques et économiques, et demandera des mesures de la part des gouvernements, des entreprises et des individus, allant au-delà des programmes d'information et d'éducation [13]. Cela inclura des interventions pour changer l'offre et la demande, notamment en faisant évoluer les normes sociales vers des régimes alimentaires qui ne soient pas basés sur la viande. Il n'existe pas de «remède miracle» pour créer un système alimentaire durable. En fait, ce sont de nombreux changements dans plusieurs secteurs du système alimentaire qui sont nécessaires [10]. Pour y arriver, il faudra une série d'approches coordonnées adaptées aux valeurs sociales, politiques, économiques et culturelles des pays et des communautés et qui soient sensibles aux habitudes alimentaires actuelles.

## Références


1. **FAO, FIDA, UNICEF, PAM & OMS.** 2019. L'État de la sécurité alimentaire et de la nutrition dans le monde Se prémunir contre les ralentissements et les fléchissements économiques.Rome, FAO. 195 pp. (également disponible à l'adresse suivante: 195. http://www.fao.org/3/ca5162fr/ca5162fr.pdf).

2. **GBD risk factor collaborators**. 2015. Global, regional, and national comparative risk assessment of 79 behavioural, environmental and occupational, and metabolic risks or clusters of risks in 188 countries, 1990 – 2013: a systematic analysis for the Global Burden of Disease Study 2013. *Lancet*, 386:2287–1323.

3. **Foley, J.A., Ramankutty, N., Brauman, K.A.**, *et al*. 2011. Solutions for a cultivated planet. *Nature*, 478(7369): 337–342.

4. **Rogelj, J., Shindell D., Jiang, K.**, *et al*. 2018. Mitigation Pathways Compatible with 1.5°C in the Context of Sustainable Development. Global Warming of 1.5°C. An IPCC Special Report on the impacts of global warming of 1.5°C above pre-industrial levels and related global greenhouse gas emission pathways, in the context of strengthening the global response to the threat of climate change. Dans la presse.

5. **Vermeulen, S., Campbell, B. M. & Ingram, J. S. I.** 2012. Climate change and food systems, *Annual Reviews of Environment and Resources*, 37, 195–222. (également disponible à l'adresse suivante: https://doi.org/10.1146/annurev-environ-020411-130608).

6. **Springmann, M., Clark, M., Mason-D'Croz, D., Wiebe, K., Bodirsky, B.L., Lassaletta, L., de Vries W.**, *et al*. 2018. Options for keeping the food system within environmental limits. *Nature*, 562(7728):519-525.

7. **Tilman, D. & Clark, M.** 2014. Global diets link environmental sustainability and human health. *Nature*, 515:518–522.

8. **Popkin, B.M.** 1994 The nutrition transition in low-income countries: an emerging crisis. *Nutrition Reviews* 52(9):285–298.

9. **Springmann, M., Wiebe, K., Mason-D'Croz, D., Sulser, T.B., Rayner, M. & Scarborough, P.** 2018. Health and nutritional aspects of sustainable diet strategies and their association with environmental impacts: a global modelling analysis with country-level detail. *Lancet Planet Health*, 2(10):e451–e461.

10. **Willett, W., Rockström, J, Loken, B., Springmann, M., Lang, T.**, *et al*. 2019. Food in the Anthropocene: the EAT – Lancet Commission on healthy diets from sustainable food systems. *Lancet*, 393(10170):447-492.

11. **Macdiarmid, J.I.** 2013. Is a healthy diet an environmentally sustainable diet? *Proceedings of the Nutrition Society*,72:13–20.

12. **Macdiarmid, J.I., Kyle, J., Horgan. G.W., Loe, J., Fyfe, C., Johnstone, A. & McNeill G.** 2012. Sustainable diets for the future: can we contribute to reducing greenhouse gas emissions by eatinga healthy diet? *The American Journal of Clinical Nutrition,* 96(2):632–639.

13. **Ranganathan, J., Vennard, D., Waite, R., Dumas, P., Lipinski, B. & Searchinger, T.** 2016. *Shifting Diets for a Sustainable Food Future.* Working Paper. Installment 5. Creating a Sustainable Food Future. Washington, DC. 9 p. (également disponible à l'adresse suivante: http://ebrary.ifpri.org/utils/getfile/collection/p15738coll2/id/130216/filename/130427.pdf).

# DOCUMENT DE SYNTHÈSE N° 3:
## Le rôle de la culture, de l'économie, et de l'environnement alimentaire dans le choix des régimes alimentaires durables

Auteurs: Eva Monterrosa, Adam Drewnowski, Saskia de Pee, Edward A. Frongillo et Stefanie Vandevijvere

## Introduction

Les habitudes alimentaires à travers le monde ont connu un changement rapide entre des régimes à base de plantes et des régimes présentant une plus grande quantité d'énergie provenant de viande animale, de sucres libres et de matières grasses [1], ainsi que d'autres aliments à forte densité énergétique et valeur nutritionnelle minimale [2]. Orienter les choix des consommateurs vers des régimes alimentaires plus durables nécessite un ensemble cohérent de mesures qui prendront en compte les questions liées aux comportements, à l'économie et à l'environnement alimentaire. Nous étudions ici la façon dont le système alimentaire individuel, les facteurs socioculturels, le coût et l'accessibilité, ainsi que l'environnement alimentaire influencent les modèles alimentaires.

## Le système alimentaire individuel

Tous les jours, les individus font plusieurs choix concernant leur alimentation. Ces choix sont influencés par de nombreux facteurs, qui incluent les gènes, les expériences vécues en lien avec la nourriture et l'environnement physique, social et culturel au sens large. Le processus de prise de décision peut impliquer des jugements de valeur et des choix délibérés, ainsi que des règles et des routines qui sont étroitement liées aux comportements alimentaires [4]. Le système alimentaire individuel interagit avec, et est influencé par, des facteurs socioculturels, le coût des aliments et leur accessibilité, ainsi que l'environnement alimentaire.

## Dimension socioculturelle des modèles et des choix alimentaires

Les dimensions socioculturelles de l'alimentation incluent des éléments issus à la fois du monde physique et des éléments cognitifs qui déterminent les modèles alimentaires. Les éléments cognitifs concernent les symboles, les significations, les valeurs et les expressions de l'identité personnelle et sociale. Les valeurs des choix alimentaires concernent une série d'aspects, allant des caractéristiques d'un aliment, à son acquisition ou sa préparation, aux objectifs liés à la façon dont nous vivons et interagissons avec les autres. Les valeurs des choix alimentaires sont utiles sur le plan culturel car elles aident les individus et les groupes à négocier et à simplifier leurs choix. Les aspects socio-culturels du choix alimentaire sont analysés de façon détaillée par l'industrie alimentaire mais sont sous-utilisés dans la prise de décision politique. Des études ethnographiques et différents outils de classification peuvent être utilisés pour définir de façon large les cultures alimentaires et identifier les pratiques et les valeurs de choix alimentaires communes. Relier les pratiques et les valeurs alimentaires à des symboles et des discours peut encourager de nouvelles façons de cultiver, d'acquérir et de profiter de notre nourriture.

Le genre, la religion et les interdits alimentaires constituent d'autres facteurs socio-culturels qui influencent les choix alimentaires. Le genre exprime beaucoup des éléments cognitifs et des normes en termes de pratiques alimentaires, tels que l'accès aux aliments et la sélection de ces derniers [7]. La production, l'acquisition, la préparation, la cuisson et l'élimination de la nourriture sont des tâches où s'expriment des grandes différences selon les genres. La nourriture remplit également un rôle important dans la pratique religieuse, et la religion définit les pratiques alimentaires par le biais de différentes règles et significations et de différents symboles. Les interdits culturels envers la nourriture peuvent s'appliquer aux individus en fonction de leur âge, de leur genre ou de leur position sociale et il existe une importante diversité intra-culturelle au sujet des interdits alimentaires. L'analyse des options stratégiques possibles devrait prendre en compte la discrimination effectuée sur la base de la religion ou du genre, en particulier lors de la mise en place de taxes et d'autres mesures restrictives sur les aliments d'origine animale.

## Coût et accessibilité

Les aspects socio-culturels mis à part, les individus mangent généralement ce qu'ils peuvent se permettre d'acheter. L'accessibilité est un concept relatif qui englobe le prix de marché d'un aliment en lien avec d'autres dépenses du ménage ainsi que les revenus du ménage. D'autres coûts méritant d'être pris en considération sont le temps passé et les efforts effectués par la personne qui prépare le repas ainsi que le coût du carburant et de l'eau [8]. Les aliments nutritifs sont plus chers que les aliments à forte densité énergétique. Cette relation existe aussi bien dans les pays à revenus élevés que dans les pays à revenus faibles et intermédiaires, et la pauvreté limite l'accès aux aliments sains. Dans la mesure où les aliments «faciles à cuisiner» réduisent les efforts ou économisent de l'eau ou du carburant, l'accessibilité et l'aspect pratique restent des considérations importantes en ce qui concerne l'accès économique aux aliments nutritifs par les populations à revenus faibles à travers le monde.

Il existe différentes façons d'évaluer l'accessibilité des aliments individuels ou celle du régime dans son ensemble. Les données sur les dépenses en nourriture peuvent être utilisées pour évaluer le coût prévu des régimes alimentaires plus adaptés sur le plan nutritionnel ou plus variés, ajustés à 2 000 kcal, pour faire des comparaisons entre les différents groupes. Il existe également des méthodes de modélisation linéaire pour estimer le coût le plus faible d'un régime alimentaire nutritif pour un ménage composé de plusieurs personnes (par exemple un enfant nourri au sein, une mère allaitante, un homme adulte, un enfant d'âge scolaire et une adolescente) [9]. L'Affordable Nutrition Index (en français: l'Indice de nutrition abordable) peut être utilisé pour identifier les aliments qui apportent une forte densité nutritionnelle à un coût abordable [8]. Ces outils de modélisation permettent aussi de façonner des stratégies pour combler les lacunes nutritionnelles [11]. Les stratégies d'amélioration de l'accessibilité des aliments et des régimes alimentaires nutritifs incluent la biofortification des céréales et des légumineuses [12] ou la fortification des farines de céréales, du riz, du sel et/ou de l'huile afin d'améliorer l'apport de nutriments par les aliments de base. En outre, les initiatives augmentant la production et la disponibilité, notamment avec la réduction des pertes post-récolte ou l'amélioration du transport vers les marchés, peuvent faire croître les revenus des agriculteurs et réduire les prix de détail [14]. Les transferts d'espèces ou les coupons d'alimentation peuvent également aider à égaliser l'accès au marché et à la nutrition au sein des catégories de revenus [15, 16].

## Environnements alimentaires

Les environnements alimentaires [17] sont des lieux où la nourriture est acquise ou consommée. À ce titre, l'environnement alimentaire représente la liaison des interactions entre les individus et les aspects du système alimentaire liés à la production, la transformation, le transport et la vente au détail, ainsi que l'élimination et le gaspillage des aliments. Au cours des 40 dernières années, nous avons assisté à un changement considérable de nos environnements alimentaires, qui est devenu un environnement apportant une énergie alimentaire plus élevée (calories) et offrant plus d'options alimentaires en extérieur. La structure de l'environnement alimentaire renforce davantage les inégalités socio-économiques dans l'accès aux aliments nutritifs. Le faible pouvoir d'achat des quartiers défavorisés implique que la plupart des aliments proposés [18] et commercialement promus [19] sont des aliments bon marché, à forte densité énergétique et d'une valeur nutritionnelle minimale. La disposition et l'importance accordées à la nourriture dans les lieux de vente influencent également les achats [20] et les ventes [21] alimentaires.

Les gouvernements jouent un rôle essentiel dans l'orientation des environnements alimentaires. Une stratégie globale est nécessaire pour améliorer une offre alimentaire saine [22]. Les options stratégiques destinées à orienter ou limiter les choix des consommateurs vont de l'étiquetage nutritionnel des menus et des étiquettes sur le devant des produits [23], aux restrictions de commercialisation [24, 25] et enfin aux restrictions à la vente [25]. Certaines semblent plus efficaces pour limiter les choix en faveur d'aliments à forte densité énergétique, mais on ne sait pas encore très bien comment orienter les choix des consommateurs de la meilleure façon possible.

## Programmes de soutien à l'action politique

Le processus d'élaboration des politiques se compose de l'analyse, de la prise de décision, de la mise en œuvre et du suivi. Ces dernières années, deux programmes sont apparus pour assister les décideurs en matière d'évaluations exhaustives et de prise de décision relatives à la nutrition (Fill the Nutrient Gap, du Programme alimentaire mondial) et les environnements alimentaires (International Network for Food and Obesity/noncommunicable diseases (NCDs) Research, Monitoring and Action Support

- INFORMAS). L'outil Fill the Nutrient Gap utilise une analyse de la situation nutritionnelle pour identifier et prioriser les stratégies destinées à accroître la disponibilité, l'accessibilité et le choix des aliments nutritifs [26]. L'approche INFORMAS vise à renforcer la mise en œuvre des politiques en termes d'environnement alimentaire en les évaluant en comparaison avec les meilleures pratiques internationales et en tirant des actions prioritaires concrètes [22].

## Résumé et conclusions

Bien qu'une multitude de facteurs influencent les habitudes alimentaires, il existe de nombreux outils et stratégies pour étayer l'analyse, la priorisation des solutions et la prise de décision éclairée par des éléments concrets. Au niveau socio-culturel, nous suggérons la présence de modules ethnographiques dans les études nationales sur l'alimentation pour caractériser les éléments cognitifs de la culture alimentaire par sous-groupes. Ces données peuvent orienter les campagnes en faveur de changements des normes et rendre les aliments plus attirants et agréables. Au niveau de l'accessibilité économique, plusieurs analyses et indicateurs peuvent identifier les aliments qui sont à la fois nutritifs et abordables, ainsi qu'aider à l'identification de stratégies pour améliorer l'accès à des choix abordables et nutritifs. Au niveau des environnements alimentaires, les acteurs politiques peuvent déployer plusieurs instruments guidant et soutenant les choix en faveur de régimes alimentaires sains et durables. Le suivi sur le long terme des impacts de ces actions est indispensable. De manière plus fondamentale, la coopération intersectorielle entre les entreprises, les décideurs politiques, les citoyens et les universitaires est nécessaire pour faire évoluer les modèles alimentaires et les choix alimentaires vers la bonne santé et la durabilité.

## Références


1. **Drewnowski, A. & Popkin, B.M.** 1997. The nutrition transition: new trends in the global diet. *Nutrition Reviews,* 55(2):31-43.

2. **Haddad, L., Hawkes, C., Waage, J., Webb, P., Godfra, C. & Toulmin C.** 2016. *Food systems and diets: Facing the challenges of the 21st century.* Londres. Global Panel on Agriculture and Food Systems for Nutrition. (également disponible à l'adresse suivante: http://www.ifpri.org/publication/food-systems-and-diets-facing-challenges-21st-century).

3. **Contento, I.** 2011. Overview of determinants of food choice and dietary change: Implications for nutrition education. In *Nutrition Education: Linking Research, Theory and Practice*, 2nd ed. pp 176-179. Sudbury, Massachusetts. Jones & Bartlett Learning.

4. **Sobal, J & Bisogni, C.A.** 2009. Constructing food choice decisions. *Annals of Behavioral Medicine*, 38(suppl_1):s37-s46.

5. **Garine, I.** 1972. The socio-cultural aspects of nutrition. *Ecology of Food and Nutrition,* 1(2):143-163.

6. **Fieldhouse, P.** 1995. *Food and Nutrition: Customs and Culture.* Second Edition. Londres. Chapman & Hall.

7. **Gittelsohn, J.** 1991. Opening the box: Intrahousehold food allocation in rural Nepal. *Social Science & Medicine*, 33(10):1141-1154. (également disponible à l'adresse suivante: https://doi.org/10.1016/0277-9536(91)90230-A).

8. **Collins, S.M., Owuor, P.M., Miller, J.D., Boateng, G.O., Wekesa, P., Onono, M. & Young, S.L.** 2019. I know how stressful it is to lack water! Exploring the lived experiences of household water insecurity among pregnant and postpartum women in western Kenya. *Global Public Health*, 14(5):649-662. (également disponible à l'adresse suivante: https://doi.org/10.1080/17441692.2018.1521861).

9. **Deptford, A., Allieri, T., Childs, R., Damu, C., Ferguson, E., Hilton, J., Parham, P.**, *et al.* 2017. Cost of the Diet: a method and software to calculate the lowest cost of meeting recommended intakes of energy and nutrients from local foods. *BMC Nutrition*, 3(1):26.

10. **Drewnowski, A.** 2010. The Nutrient Rich Foods Index helps to identify healthy, affordable foods. *The American Journal of Clinical Nutrition,* 91(4):1095S-1101S. (également disponible à l'adresse suivante: https://doi.org/10.3945/ajcn.2010.28450D).

11. **Baldi, G., Martini, E., Catharina, M., Muslimatun, S., Fahmida, U., Jahari, A.B., Frega, R.**, *et al.* 2013. Cost of the Diet (CoD) tool: first results from Indonesia and applications for policy discussion on food and nutrition security. Food and Nutrition Bulletin, 34(2 Suppl):S35-42. (également disponible à l'adresse suivante: https://doi.org/10.1177/15648265130342S105).

12. **Bouis, H.E., Hotz, C., McClafferty, B., Meenakshi, J. & Pfeiffer, W.H.** 2011. Biofortification: a new tool to reduce micronutrient malnutrition. *Food and Nutrition Bulletin*, 32(1_suppl1):S31-S40.

13. **Horton, S.** 2006. The Economics of Food Fortification. *Journal of Nutrition*, 136(4):1068-1071. (également disponible à l'adresse suivante: https://doi.org/10.1093/jn/136.4.1068).

14. **PAM**. 2017. *Counting the Beans - The True Cost of Food around the World. Rome. Programme alimentaire mondial.* (également disponible à l'adresse suivante: https://www.wfp.org/publications/2017-counting-beans-true-cost-plate-food-around-world).

15. **Yen, S.T.** 2010. The effects of SNAP and WIC programs on nutrient intakes of children. *Food Policy*, 35(6):576-583. (également disponible à l'adresse suivante: https://doi.org/10.1016/j.foodpol.2010.05.010).

16. **Hidrobo, M., Hoddinott, J., Peterman, A., Margolies, A. & Moreira, V.** 2014. Cash, food, or vouchers? Evidence from a randomized experiment in northern Ecuador. *Journal of Development Economics,* 107:144-156. (également disponible à l'adresse suivante: https://doi.org/10.1016/j.jdeveco.2013.11.009).

17. **Turner, C., Aggarwal, A., Walls, H., Herforth, A., Drewnowski, A., Coates, J., Kalamatianou, S.**, *et al.* 2018. Concepts and critical perspectives for food environment research: A global framework with implications for action in low- and middle-income countries. *Global Food Security*, 18:93-101. (également disponible à l'adresse suivante: https://doi.org/10.1016/j.gfs.2018.08.003).

18. **Hilmers, A., Hilmers, D.C. & Dave, J.** 2012. Neighborhood disparities in access to healthy foods and their effects on environmental justice. *American Journal of Public Health*, 102(9):1644-1654. (également disponible à l'adresse suivante: https://doi.org/10.2105/AJPH.2012.300865).

19. **Powell, L.M., Wada, R. & Kumanyika, S.K.** 2014. Racial/Ethnic and Income Disparities in Child and Adolescent Exposure to Food and Beverage Television Ads across U.S. Media Markets. *Health Place*, 29:124-131. (également disponible à l'adresse suivante: https://doi.org/10.1016/j.healthplace.2014.06.006).

20. **Glanz, K., Bader, M.D.M. & Iyer, S.** 2012. Retail grocery store marketing strategies and obesity: an integrative review. *The American Journal of Preventive Medicine*, 42(5):503-512. (également disponible à l'adresse suivante: https://doi.org/10.1016/j.amepre.2012.01.013).

21. **Curhan, R.C.** 1972. The Relationship between Shelf Space and Unit Sales in Supermarkets. *Journal of Marketing Research*, 9(4):406-412. (également disponible à l'adresse suivante: https://doi.org/10.1177/002224377200900408).

22. **Swinburn, B., Vandevijvere, S., Kraak, V., Sacks, G., Snowdon, W., Hawkes, C., Barquera, S.**, *et al.* 2013. Monitoring and benchmarking government policies and actions to improve the healthiness of food environments: a proposed Government Healthy Food Environment Policy Index. *Obesity Reviews*,14 Suppl 1:24-37. (également disponible à l'adresse suivante: https://doi.org/10.1111/obr.12073).

23. **Kanter, R., Vanderlee, L. & Vandevijvere S.** 2018. Front-of-package nutrition labelling policy: global progress and future directions. *Public Health Nutrition*, 21(08):1399-1408. (également disponible à l'adresse suivante: https://doi.org/10.1017/S1368980018000010).

24. **Smith, R., Kelly, B., Yeatman, H. & Boyland, E.** 2019. Food Marketing Influences Children's Attitudes, Preferences and Consumption: A Systematic Critical Review. *Nutrients*, 11(4):875.

25. **Corvalán, C., Reyes, M., Garmendia, M.L. & Uauy, R.** 2019. Structural responses to the obesity and non-communicable diseases epidemic: Update on the Chilean law of food labelling and advertising. *Obesity Reviews,* 20(3):367-374. (également disponible à l'adresse suivante: https://doi.org/10.1111/obr.12802).

26. **Bose, I., Baldi, G., Kiess, L. & de Pee, S.** 2019 The "Fill the Nutrient Gap" analysis: An approach to strengthen nutrition situation analysis and decision making towards multisectoral policies and systems change. *Maternal & Child Nutrition*, 15(3):e12793.

# DOCUMENT DE SYNTHÈSE N° 4:

## Régimes alimentaires territoriaux

*Auteurs: Fatima Hachem, Davy Vanham et Luis Moreno*

Les régimes alimentaires territoriaux sont liés à des régions spécifiques, même si, au fil du temps, ils ont intégré d'autres influences en raison de la circulation des personnes ainsi que des biens matériels et culturels, y compris les aliments. S'ils conservent un certain degré constant d'harmonie avec les contextes culturels, sociaux, économiques et environnementaux, les régimes alimentaires territoriaux sont non seulement liés aux ressources biophysiques (sols, microclimats, paysages) qui caractérisent l'agriculture et l'économie, mais également à des écologies, des contextes historiques et des ressources culturelles et sociales particuliers, y compris des institutions, des organisations, des connaissances et des pratiques traditionnelles.

Le régime alimentaire japonais, le régime alimentaire méditerranéen, le régime alimentaire nordique traditionnel et le nouveau régime alimentaire nordique sont tous des régimes alimentaires territoriaux. Certains de ces régimes alimentaires, comme le régime méditerranéen, sont devenus célèbres grâce aux bienfaits sur la santé qui y sont associés, et continuent de susciter l'intérêt, en particulier compte tenu du défi de plus en plus grand posé par la malnutrition sous toutes ses formes (sous-nutrition, carences en micronutriments ainsi que surpoids et obésité).

Outre le fait qu'ils aient des effets positifs sur la santé, ces régimes jouent un rôle central pour faciliter la transition vers des systèmes agricoles et alimentaires plus durables. Cependant, peu de régimes alimentaires ont été évalués à l'aune de leur double action, à savoir leur contribution à la santé des individus ainsi qu'à la préservation de l'environnement.

Le régime alimentaire méditerranéen et le nouveau régime alimentaire nordique sont basés sur des plantes, et disposent de petites quantités modérées d'aliments d'origine animale. Le premier se caractérise par une abondance de légumes, de fruits, de fruits à coque, de légumineuses, de graines et de poisson, ainsi que par une utilisation généreuse de l'huile d'olive, une quantité modérée de produits laitiers et une faible quantité de viande rouge. Le second se caractérise par une teneur élevée en fruits et légumes locaux (en particulier des baies, des choux, des légumes-racines et des légumineuses), des herbes fraîches, des pommes de terre, des plantes et des champignons issus de l'arrière-pays, du blé complet, des fruits à coque, des poissons ainsi que des crustacés (indigènes), des algues, du bétail élevé en plein air (y compris des cochons et de la volaille) et du gibier.

Les résultats positifs en matière de santé associés au régime alimentaire méditerranéen ont été identifiés au début des années 1960, quand les chercheurs ont montré les effets protecteurs contre les maladies coronariennes des régimes alimentaires d'Europe du Sud. Depuis lors, de très nombreuses études ont démontré les effets bénéfiques de ce modèle alimentaire. De solides données scientifiques montrant l'association du régime alimentaire méditerranéen avec une réduction notable de la mortalité totale, de la mortalité due aux maladies cardiovasculaires et aux cancers, et avec un risque diminué de cancer, ont conduit à la promotion de ce modèle alimentaire dans des régions et les directives alimentaires de pays éloignés de son origine géographique.

Le nouveau régime alimentaire nordique a été lancé en 2005. S'agissant d'un régime récent, les données concernant ses bienfaits sur la santé sont moins nombreuses que pour le régime méditerranéen. Cependant, il existe des données conséquentes et bien établies sur les bienfaits sur la santé de ses composants alimentaires. Des recherches récentes au sujet des associations entre le nouveau régime alimentaire nordique et les résultats en matière de santé montrent une relation inverse entre plusieurs facteurs de risque cardiovasculaires, l'obésité abdominale, la graisse corporelle, les marqueurs inflammatoires et les lipides sériques, les risques de cancer colorectal et la mortalité totale.

Le suivi de ces deux régimes alimentaires est associé à des pressions et des impacts environnementaux plus faibles en comparaison avec d'autres régimes alimentaires sains contenant de la viande. Dans 13 villes méditerranéennes, le suivi du régime alimentaire méditerranéen a montré des réductions de l'empreinte hydrique de 19 à 43 pour cent par rapport aux régimes alimentaires couramment pratiqués dans ces villes. En Espagne, il a également été montré que le suivi du régime alimentaire méditerranéen réduisait les émissions de gaz à effet de serre (72 pour cent), l'utilisation des terres (58 pour cent), la consommation d'énergie (52 pour cent) et la consommation d'eau (33 pour cent). Au Danemark, le nouveau régime alimentaire nordique a été comparé au régime alimentaire danois moyen au niveau de 16 catégories d'impacts environnementaux. Il a été montré que le nouveau régime nordique diminuait l'impact dans chacune de ces catégories

Cependant, les régimes alimentaires ne se réduisent pas à la somme des aliments consommés ou des modèles alimentaires qui leur sont associés. Ils constituent un mode de vie qui détermine et est déterminé par les contextes locaux aux niveaux social, culturel et économique. De tels aspects représentent des piliers fondamentaux du concept de durabilité. L'adoption rapide du nouveau régime alimentaire nordique par les différents pays nordiques témoigne de la façon dont l'identité et la culture ont été essentiels dans l'adoption par une partie importante de la population d'un régime alimentaire construit. D'un autre côté, le régime alimentaire méditerranéen constitue un mode de vie dont les origines se perdent dans la nuit des temps, et qui incarne quelque chose dépassant les bienfaits nutritionnels du régime alimentaire. Comme l'a souligné l'UNESCO lorsqu'elle a ajouté le régime alimentaire méditerranéen à sa liste du patrimoine culturel immatériel de l'humanité en 2010, il s'agit «d'un ensemble de savoir-faire, de connaissances, de rituels, de symboliques et de traditions qui concernent les cultures, les récoltes, la cueillette, la pêche, l'élevage, la conservation, la transformation, la cuisson et, tout particulièrement, la façon de partager la table et de consommer les aliments.» Pourtant, ces dimensions sont souvent oubliées dans le débat sur la durabilité.

Le suivi de régimes alimentaires aux effets sanitaires et environnementaux positifs est difficile. Des données ont été collectées concernant l'éloignement par rapport au régime alimentaire méditerranéen, en particulier chez les jeunes, dans les pays du bassin méditerranéen. Différents calculs ont été élaborés pour évaluer le suivi du régime alimentaire méditerranéen: ils montrent tous une baisse du suivi dans la plupart des pays, mais diffèrent dans la mesure de l'échelle et de l'étendue de ce déclin selon la méthodologie utilisée. Récemment, une étude a évalué les tendances dans le temps du suivi du régime alimentaire méditerranéen sur les 50 dernières années et dans 41 pays. La tendance à la baisse a été confirmée mais il a également été montré que le suivi du régime alimentaire méditerranéen est plus fort dans certains de ces pays que dans d'autres. Différents facteurs sont responsables d'une telle tendance. On pourrait les résumer comme étant la hausse de l'urbanisation, la mondialisation des marchés agricoles, la hausse des revenus, la pénétration des supermarchés, le changement dans les structures familiales et le développement de la culture alimentaire de masse. Tous ces facteurs changent la façon dont les gens mangent à un rythme d'une rapidité inédite en comparaison avec les siècles derniers et leur impact diffère selon les pays.

La recherche de régimes alimentaires qui soient sains pour les êtres humains comme pour l'environnement n'a pas toujours été facile. Des compromis sont nécessaires mais la tâche se complique lorsque les régimes alimentaires doivent, en plus, s'avérer durables sur les plans culturel, social et économique. On ne peut pas négliger les leçons apprises de régimes alimentaires construits comme le nouveau régime nordique et de régimes alimentaires en évolution comme le régime méditerranéen.

Il est nécessaire de disposer d'outils destinés à évaluer ces régimes alimentaires territoriaux prenant en compte toutes ces dimensions afin que les décideurs soient capables de mesurer les impacts des politiques sur les différents aspects de la durabilité (santé, environnement, culture, économie, société), et qu'ils puissent évaluer les compromis nécessaires et garantir la cohérence des mesures prises.

Des données sur toutes les dimensions de la durabilité et les indicateurs spécifiques à chaque contexte sont également nécessaires pour rendre les outils pertinents. Elles doivent aller au-delà de la production et du secteur agricole et se mettre à l'écoute des consommateurs. Il est important de comprendre les moteurs des choix alimentaires des consommateurs, et la façon dont ceux-ci sont façonnés.

Au vu des différentes façons de comprendre la durabilité des régimes alimentaires dans les différents secteurs, il est nécessaire que les parties prenantes communiquent entre elles et se mettent d'accord sur les définitions. L'approche par territoire se prête bien à un tel besoin de communication, car elle offre des points d'entrée pertinents aux différents secteurs.

Enfin, les décideurs et les consommateurs peuvent profiter du fait que les directives alimentaires nationales basées sur les aliments se basent sur les régimes alimentaires territoriaux et impliquer les secteurs de la production et de l'environnement ainsi que les acteurs sociaux dans leur processus d'élaboration.

## Références


1. **Germani, A., Vitiello, V., Giusti, A.M., Pinto, A., Donini, L.M. & del Balzo, V.** 2014. Environmental and economic sustainability of the Mediterranean Diet. *International Journal of Food Sciences and Nutrition*, 65(8): 1008–1012. (également disponible à l'adresse suivante: https://doi.org/10.3109/09637486.2014.945152).
2. **Hachem, F., Capone, R., Yannakoulia, M., Dernini, S., Hwalla, N. & Kalaitzidis, C.** 2016. The Mediterranean diet: A sustainable consumption pattern. In *Mediterra*. FAO/ CIHEAM/ Presses de Sciences Po (PFNSP), Paris, France, pp.243-261. (également disponible à l'adresse suivante: https://www.ciheam.org/uploads/attachments/449/10_Mediterra2016_EN.pdf).
3. **Mithril, C., Dragsted, L.O., Meyer, C., Tetens, I., Biltoft-Jensen, A. & Astrup, A.** 2012. Dietary composition and nutrient content of the New Nordic Diet. *Public Health Nutrition,* 16(5): 777–785. (également disponible à l'adresse suivante: https://doi.org/10.1017/S1368980012004521).
4. **Poulsen, S.K., Due, A., Jordy, A.B., Kiens, B., Stark, K.D., Stender, S., Holst, C., Astrup, A. & Larsen, T.M.** 2014. Health effect of the New Nordic Diet in adults with increased waist circumference: a 6-mo randomized controlled trial. *The American Journal of Clinical Nutrition,* 99(1): 35–45. (également disponible à l'adresse suivante: https://doi.org/10.3945/ajcn.113.069393).
5. **Sáez-Almendros, S., Obrador, B., Bach-Faig, A. & Serra-Majem, L.** 2013. Environmental footprints of Mediterranean versus Western dietary patterns: beyond the health benefits of the Mediterranean diet. *Environmental Health*, 12(1): 118. (également disponible à l'adresse suivante: https://doi.org/10.1186/1476-069x-12-118).
6. **Saxe, H.** 2014. The New Nordic Diet is an effective tool in environmental protection: it reduces the associated socioeconomic cost of diets. *The American Journal of Clinical Nutrition,* 99(5): 1117–1125. (également disponible à l'adresse suivante: http://dx.doi.org/10.3945/ajcn.113.066746).
7. **Sofi, F., Abbate, R., Gensini, G.F. & Casini, A.** 2010. Accruing Evidence on Benefits of Adherence to the Mediterranean Diet on Health: An Updated Systematic Review and Meta-analysis. *The American Journal of Clinical Nutrition*, 92 (5), 1189-1196.
8. **Springmann, M., Clark, M., Mason-D'Croz, D., Wiebe, K., Bodirsky, B.L., Lassaletta, L., de Vries, W.,** *et al.* 2018. Options for keeping the food system within environmental limits. *Nature*, 562(7728): 519–525. (également disponible à l'adresse suivante: https://doi.org/10.1038/s41586-018-0594-0).
9. **Trichopoulou, A., Costacou, T., Bamia, C. & Trichopoulos, D.** 2003. Adherence to a Mediterranean Diet and Survival in a Greek Population. *New England Journal of Medicine,* 348(26):2599-2608. (également disponible à l'adresse suivante: https://doi.org/10.1056/NEJMoa025039).
10. **Vanham, D., Gawlik, B.M. & Bidoglio,G.** 2017. Food consumption and related water resources in Nordic cities. *Ecological Indicators,* 74: 119–129. (également disponible à l'adresse suivante: https://doi.org/http://dx.doi.org/10.1016/j.ecolind.2016.11.019).
11. **Vanham, D., del Pozo, S., Pekcan, A.G., Keinan-Boker, L., Trichopoulou, A. & Gawlik, B.M.** 2016. Water consumption related to different diets in Mediterranean cities. *Science of The Total Environment*, 573: 96–105. (également disponible à l'adresse suivante: https://doi.org/http://dx.doi.org/10.1016/j.scitotenv.2016.08.111).
12. **Vilarnau, C., Stracker, D.M., Funtikov, A., da Silva, R., Estruch, R. & Bach-Faig, A.** 2019. Worldwide adherence to Mediterranean Diet between 1960 and 2011. *European Journal of Clinical Nutrition*, 72(Suppl 1):83-91. (également disponible à l'adresse suivante: https://doi.org/10.1038/s41430-018-0313-9).

# DOCUMENT DE SYNTHÈSE N° 5:
## Document d'information sur la sécurité sanitaire des aliments

*Auteurs: Sara Monteiro Pires, Maarten Nauta, Morten Poulsen, Lea S. Jakobsen et Sofie Thomsen*

Les appels à l'action pour atteindre les objectifs internationaux en matière de développement durable ont souligné le besoin de modifier les systèmes alimentaires de façon globale. Ce document explore la dimension de la sécurité sanitaire des aliments au sein des transitions vers des systèmes alimentaires promouvant des régimes alimentaires sains et durables.

### Le fardeau mondial de la maladie causé par des aliments contaminés

On sait que les aliments contaminés sont la cause de plus de 200 maladies aiguës et chroniques. Les dangers d'origine alimentaire comprennent des agents microbiologiques tels que des bactéries, des virus, des champignons et des parasites qui peuvent provenir de la pollution, de la transformation ou de l'emballage des aliments, ou bien apparaître sous la forme de toxines naturellement produites. Les foyers de toxi-infections alimentaires et les cas de contamination à grande échelle ayant des répercussions économiques sont très visibles. Cependant, ces derniers ne concernent qu'une petite fraction du véritable fardeau des maladies d'origine alimentaire, dont l'ampleur est largement méconnue et sous-signalée. Les estimations de l'OMS ont montré qu'en 2010, 31 dangers présents dans les aliments ont provoqué 600 millions de cas de maladies et 420 000 décès [1][13]. Ces maladies d'origine alimentaire (MOA) ont entraîné une perte estimée à 33 millions d'années de vie en bonne santé à travers le monde, démontrant que le fardeau mondial des MOA est du même ordre de grandeur que celui des principales maladies infectieuses telles que le VIH/Sida, le paludisme et la tuberculose [2]. Les enfants de moins de cinq ans portent 40 pour cent du fardeau mondial total, mais ne représentent que 9 pour cent de la population mondiale. Les personnes vivant dans les régions en développement et dans les régions les plus pauvres du monde étaient également touchés de façon disproportionnée, portant plus de 70 pour cent du fardeau mondial. L'Afrique et l'Asie du Sud-Est présentaient l'incidence et la mortalité la plus élevées pour les maladies d'origine alimentaire, et ce tous groupes d'âge confondus.

### Régimes alimentaires sains et sécurité sanitaire des aliments

Les aliments responsables de problèmes importants en matière de sécurité sanitaire sont également déterminants pour assurer la sécurité alimentaire dans certaines régions et sont des sources essentielles de nutrition. Les aliments d'origine animale, tels que les produits laitiers, les œufs et la viande représentaient environ 35 pour cent du fardeau des maladies d'origine alimentaire causés par tous les aliments au niveau mondial [3], mais ils constituent également des sources importantes de nutriments de haute qualité, en particulier dans certaines régions, où les carences nutritionnelles des enfants peuvent provoquer des retards de croissance, de l'anémie, ou un manque de développement des facultés motrices et cognitives. Dans les régions à faibles revenus, les aliments de base comme les céréales, les fruits à coque, les poissons, les fruits de mer et les légumes contribuent au fardeau de la maladie liée aux agents pathogènes et aux produits chimiques présents dans les aliments [4,5]. Simultanément, un nombre croissant de maladies et de fortes épidémies

---

13 Le Groupe de travail de référence sur l'épidémiologie des maladies d'origine alimentaire (FERG) de l'OMS a évalué le fardeau mondial et régional de 31 dangers d'origine alimentaire, en prenant l'année 2010 comme année de référence. Les contaminants chimiques évalués constituaient une liste présélectionnée parmi un ensemble de produits chimiques et de toxines considérés comme potentiellement pertinents. Depuis que les estimations ont été publiées, de nouvelles études ont complété avec des données les impacts sur la santé d'un plus grand nombre de dangers.

associées aux fruits et aux légumes a été enregistré ces dernières années [6–8]. Ces groupes d'aliments sont tous des composants importants de régimes alimentaires sains, et les consommateurs sont encouragés à accroître leur consommation afin d'aider à prévenir la malnutrition et les maladies non transmissibles.

L'évaluation des conséquences sanitaires de la consommation alimentaire, négatives comme bénéfiques, est essentielle pour déterminer les interventions destinées à améliorer la santé des populations. La consommation de poisson est un exemple classique d'aliment pour lequel les politiques de santé publique doivent prendre en compte à la fois les effets négatifs et les effets bénéfiques. Plusieurs études ont évalué l'impact global de cet aliment sur la santé publique, en prenant en compte les effets bénéfiques des acides gras oméga-3 sur le développement du cerveau du jeune enfant et la santé cardiovasculaire, ainsi que les effets néfastes des métaux lourds et des polluants environnementaux persistants [9]. Parmi les autres aliments étudiés, on peut citer les fruits à coque, qui sont riches en gras bénéfiques mais peuvent également être contaminés par des toxines cancérigènes (aflatoxines) [10]. On peut également citer la viande rouge, qui est une source de minéraux et de vitamines, mais qui a été liée à un risque accru de cancer [11]. Alors que les compromis entre les risques et les avantages de certains aliments ont été évalués dans certains pays à revenus élevés, de telles évaluations sont absentes dans les pays à revenus faibles et intermédiaires (PRFI), dans lesquels la contamination alimentaire peut être plus élevée, la disponibilité de nourriture moindre et l'équilibre concernant la sécurité sanitaire des aliments et la sécurité alimentaire plus difficile à atteindre. Ce dilemme est bien illustré par le légume-racine nutritif qu'est le manioc. Il s'agit d'un aliment de base, en particulier en Afrique subsaharienne, cependant, lorsqu'il n'est pas correctement transformé, il peut conduire à une exposition à des niveaux toxiques de cyanure.

## Changement climatique et sécurité sanitaire des aliments

Le changement climatique a des effets inévitables sur la sécurité des systèmes alimentaires. La température moyenne de l'air et de la mer augmente et les variations des précipitations peuvent conduire à des niveaux accrus de bactéries, de virus ou de parasites dans l'eau et dans la nourriture, et promouvoir la prolifération de champignons produisant des toxines dans différentes récoltes. Les considérations en matière de sécurité sanitaire des aliments peuvent s'avérer particulièrement pertinentes dans le cas de fruits et légumes frais et de poissons, que ce soit en raison de taux plus élevés de croissance microbienne ou à cause d'un usage accru de produits agrochimiques pour compenser les effets de phénomènes météorologiques extrêmes et la pénurie d'eau dans certaines régions [13]. Ces risques mettent l'accent sur le besoin d'interventions qui réduisent l'empreinte environnementale, y compris au niveau des systèmes alimentaires.

## Accessibilité physique et financière aux aliments et sécurité sanitaire

Dans les PRFI, qui portent la plus grande partie du fardeau des maladies d'origine alimentaire, la sécurité alimentaire sera souvent la première des priorités, et il est peu vraisemblable que les communautés jettent de la nourriture potentiellement contaminée, même s'il y a un risque qu'elle soit impropre à la consommation humaine [14]. La formation et l'éducation des personnes travaillant à tous les niveaux de la chaîne de production, de même que la sensibilisation des consommateurs, peuvent réduire le fardeau des maladies d'origine alimentaire. L'établissement et l'application des normes en matière de sécurité sanitaire des aliments pour les matières premières limiteront également l'exposition aux substances polluantes.

## Régimes alimentaires territoriaux et sécurité sanitaire des aliments

La diversité régionale des habitudes et des pratiques en termes de consommation alimentaire est liée à la disponibilité alimentaire, aux traditions, ainsi qu'aux transitions socio-économiques qui influencent les régimes alimentaires des populations. Les bénéfices pour la santé du suivi de régimes alimentaires spécifiques à des territoires déterminés, à savoir le régime méditerranéen et le nouveau régime nordique, sont bien connus [15]. S'ils représentent les modèles alimentaires d'une petite proportion de la population au niveau mondial, certains des principes de base qui façonnent ces régimes (préférence pour les aliments locaux et de saison, consommation quotidienne de légumes, fruits, blé complet et de bons gras), peuvent s'appliquer à des modèles alimentaires adaptés à d'autres territoires et d'autres cultures. Ces principes devraient mener à des avantages en termes d'amélioration de la durabilité et de la nutrition, mais les conséquences en matière de sécurité sanitaire des aliments n'ont jusqu'à présent pas été bien étudiées. Un changement vers de tels modèles alimentaires peut mener à une exposition accrue à des dangers d'origine alimentaire. Plus précisément, la consommation accrue de légumes peut conduire à une exposition plus élevée aux pesticides et aux métaux lourds, ou encore à des agents pathogènes s'ils sont mangés crus; une consommation accrue de fruits à coque peut mener à une plus forte exposition aux mycotoxines; une consommation accrue de poissons peut conduire à une hausse de l'exposition au méthylmercure et à d'autres substances polluantes, entre autres.

## Transitions vers des régimes alimentaires sains et durables et la sécurité sanitaire des aliments

Les changements alimentaires peuvent réduire les impacts environnementaux du système alimentaire. Les données recueillies jusqu'à présent soulignent les bénéfices combinés sur la santé et l'environnement d'un changement vers un régime alimentaire basé davantage sur les plantes, comprenant des légumes et des fruits, des fruits à coque, des légumineuses et du blé complet. Dans la mesure où un changement vers des régimes alimentaires basés davantage sur les plantes peut également conduire à des expositions accrues à des produits chimiques présents dans ces aliments, une évaluation des conséquences en termes de sécurité sanitaire de telles transitions est désormais impérative.

## Références


1. **OMS**. 2015. Maladies d'origine alimentaire: estimations de l'OMS sur la charge mondiale de morbidité. Résumé d'orientation. Genève: OMS (également disponible à l'adresse suivante: https://www.who.int/foodsafety/publications/foodborne_disease/fergreport/fr/).

2. **Havelaar, A.H., Kirk, M.D., Torgerson, P.R., Gibb, H.J., Hald, T., Lake, R.J.,** *et al.* 2015 World Health Organization Global Estimates and Regional Comparisons of the Burden of Foodborne Disease in 2010. *PLoS Medicine,* 12(12): e1001923. (également disponible à l'adresse suivante: https://doi.org/10.1371/journal.pmed.1001923).

3. **Li, M., Havelaar, A.H., Hoffmann, S., Hald, T., Kirk, M.D., Torgerson, P.R. & Devleesschauwer, B.** 2019. Global disease burden of pathogens in animal source foods. *PLoS One*, 14(6): e0216545.

4. **Carrington, C., Devleesschauwer, B., Gibb, H.J. & Bolger, P.M.** 2019. Global burden of intellectual disability resulting from dietary exposure to lead, 2015. *Environmental Research*, 172: 420–429.

5. **Zang, Y., Devleesschauwer, B., Bolger, P.M., Goodman, E. & Gibb, H.J.** 2018. Global burden of late-stage chronic kidney disease resulting from dietary exposure to cadmium, 2015. *Environmental Research*, 169:72-78

6. **Callejón, R.M., Rodriguez-Naranjo, I., Ubeda, C., Hornedo-Ortega. R., Garcia-Parrilla, M.C. & Troncoso, A.M.** 2015. Reported Foodborne Outbreaks Due to Fresh Produce in the United States and European Union: Trends and Causes. *Foodborne Pathogens and Disease,* 12: 32–38.

7. **Herman, K.M., Hall, A.J. & Gould, L.H.** 2015. Outbreaks attributed to fresh leafy vegetables, United States, 1973–2012. *Epidemiology and Infection*, 143: 3011–3021.

8. **Crowe, S.J., Mahon, B.E., Vieira, A.R. & Gould, L.H.** 2015. *Vital Signs: Multistate Foodborne Outbreaks — United States, 2010–2014.* Morbidity and Mortality Weekly Report. Atlanta, Géorgie. Center for Disease Control & Prevention (CDC), pp 1221–1225.

9. **Hellberg, R.S., DeWitt, C.A.M. & Morrissey, M.T.** 2012. Risk-Benefit Analysis of Seafood Consumption: A Review. *Comprehensive Reviews in Food Science and Food Safety*, 11: 490–517. (également disponible à l'adresse suivante: https://doi. org/10.1111/j.1541-4337.2012.00200.x).

10. **Eneroth, H., Wallin, S., Leander, K., Nilsson, Sommar J & Akesson, A.** 2017. Risks and Benefits of Increased Nut Consumption: Cardiovascular Health Benefits Outweigh the Burden of Carcinogenic Effects Attributed to Aflatoxin B1 Exposure. *Nutrients*, 9(12). pii: E1355.

11. **Thomsen, S.T., Pires, S.M., Devleesschauwer, B., Poulsen, M., Fagt, S., Ygil, K.H. & Andersen R.** 2018 Investigating the risk-benefit balance of substituting red and processed meat with fish in a Danish diet. *Food and Chemical Toxicology*, 120. 50-63. (également disponible à l'adresse suivante: https://doi.org/10.1016/j.fct.2018.06.063).

12. **Gibb, H., Devleesschauwer, B., Bolger, P.M., Wu, F., Ezendam, J., Cliff, J., Zeilmaker, M.** *et al.* 2010. World Health Organization estimates of the global and regional disease burden of four foodborne chemical toxins, 2010: a data synthesis. *F1000Research*, 4: 1393.

13. **Campbell, B.M., Vermeulen, S.J., Aggarwal, P.K., Corner-Dolloff, C., Girvetz, E., Loboguerrero, A.N., Ramirez-Villegas, J.,** *et al.* 2016. Reducing risks to food security from climate change. *Global Food Security*, 11: 34–43.

14. **Jaffee, S.M., Henson, S., Unnevehr, L.J., Delia, G. & Cassou, E.** 2019. *The Safe Food Imperative: Accelerating Progress in Low and Middle-Income Countries.* Washington, D.C. Banque mondiale. https://openknowledge.worldbank.org/handle/10986/30568. License: CC BY 3.0 IGO.

15. **Renzella J, Townsend N, Jewell J, Breda J, Roberts N, Rayner M & Wickramasinghe K.** 2018. *What national and subnational interventions and policies based on Mediterranean and Nordic diets are recommended or implemented in the WHO European Region, and is there evidence of effectiveness in reducing noncommunicable diseases?* Genève: OMS.

# Annexe n° 1: Participants à la consultation

Seth Adu-Afarwuah, Université du Ghana, Ghana
Ashkan Afshin, Université de Washington, USA
Sutapa Agrawal, UNICEF, Inde

Mary Arimond, Consultante indépendante, États-Unis Michael Clark, Université d'Oxford, Royaume-Uni

Namukolo Covic, Institut international de recherche sur les politiques alimentaires (IFPRI), États-Unis

Saskia de Pee, Programme alimentaire mondial, Italie

Adam Drewnowski, Université de Washington, États-Unis

Jessica Fanzo, Université Johns Hopkins, États-Unis

Edward A. Frongillo, Université de Caroline du Sud, États-Unis

Mario Herrero, Commonwealth Scientific and Industrial Research Organisation, Australie

Lea S. Jakobsen, Université technique du Danemark, Danemark

Andrew D. Jones, Université du Michigan, États-Unis Shiriki Kumanyika, Université de Pennsylvanie, États-Unis

Pulani Lanerolle, Université de Colombo, Sri Lanka
Mark Lawrence, Université de Deakin, Australie

Duo Li, Université du Zhejiang, Chine

Jennie Macdiarmid, Université d'Aberdeen, Royaume-Uni

Sarah McNaughton, Université de Deakin, Australie

Sara Monteiro Pires, Université technique du Danemark, Danemark

Veronika Molina, Consultante internationale, Guatemala

Carlos Monteiro, Université de São Paulo, Brésil

Eva Monterrosa, Alliance mondiale pour l'amélioration de la nutrition, Suisse

Luis Moreno, Université de Saragosse, Espagne

Morten Poulsen, Université technique du Danemark, Danemark

Modi Mwatsama, Wellcome Trust, Royaume-Uni

Maarten Nauta, Université technique du Danemark, Danemark

Janet Ranganathan, World Resources Institute, États-Unis

Satoshi Sasaki, Université de Tokyo, Japon

Shelly Sundberg, Fondation Bill et Melinda Gates, États-Unis

Sofie Thomsen, Université technique du Danemark, Danemark

Stefanie Vandevijvere, Université d'Auckland, Nouvelle-Zélande

Davy Vanham, Centre Commun de Recherche de la Commission Européenne (CCR), Italie

**Organisation des Nations Unies pour l'alimentation et l'agriculture**

Anna Lartey
Nancy Aburto Fatima Hachem
Ramani Wijesinha-Bettoni Tomas Buendia
Eleonora Dupouy

**Organisation mondiale de la santé**

Francesco Branca
Chizuru Nishida
Marzella Wüstefeld